TRANSVI
ET ALIA AEN

CROSSWORDS AND OTHER PUZZLES IN THE LATIN LANGUAGE

COLIN JOHN PARRY

Copyright © 2018 Colin Parry

All rights reserved

Published by *CreateSpace*

ISBN-13: 978-1721739257

ISBN-10: 1721739254

This publication may not be reproduced or distributed wholly or in part, by any means, without the prior written permission of the author, except as permitted under the United States Copyright Act of 1976.

Merissa et Raelynn, Amabo vos semper. Gratias vobis ago.

PRAEFATIO

As a Latin teacher, I came upon a realization on my third day of teaching. After three years of college Latin, I still knew nothing, well not to say *nothing,* but I knew few of the words which my students wanted to know. As the year went I examined vocabulary lists, extensively studied the *Oxford Latin Dictionary* and attempted to learn the answers to my student's questions, such as:

What's the Latin word for spoon?

How does one say Pink Fluffy Unicorn in Latin?

etc…. etc...

Well, with these vocabulary lists, and several more I've spent some time pondering over, I've created a nice collection of *transverba* as well as some other *aenigmata* that should be both fun and challenging to any student of Latin.

In the crosswords, all answers are nominative, the few verbs are in the infinitive. Most are singular unless otherwise specified. When the names of famous Romans are used as answers, typically the answer will be based on the part of the name most associated, i.e. Titus Livius Patavinus, more commonly known as Livy, would be *Livius.*

Bona Fortuna

Contents

TRANSVERBA
I: ANIMALES
II: URBES
III: AEDIFICIA
IV: EXERCITUS
V: FAMILIA
VI: COLORES
VII: TERRA
VIII: NOMINA
IX: INSULAE
X: STELLAE
XI: CORPUS
XII: DI ET DEAE
XIII:REGES ET CONSULES
XIV:FABULARES BESTIAE
XV: THEATRUM
XVI: RUSTICA
XVII: FABULAE
XVIII: PROVINCIAE
XIX: LIBRI
XX: MUSICA
XXI: ARTES
XXII: VESTES
XXIII: CIVILITAS
XXIV: METAMORPHOSES
XXV: ARMA
XXVI: ANIMI
XXVII: DOMUS
XXVIII: NAVIS
XXIX: CENA
XXX: GLADIATORES
XXXI: TEMPORA
XXXII: FLUMINA
XXXIII: LUDI
XXXIV: GRAMMATICA
XXXV: LOCI ROMAE
XXXVI: AENEIS
XXXVII: GRAMINA
XXXVIII: AUCTORES
XXXIX: CARMINA
XL: TEMPESTATES

SODOKUA
I: FACILE
II: FACILE
III: MEDIUM
IV: MEDIUM
V: DIFFICILE

VERBUM-INQUISITIO
I: PECUNIA
II: CONIUNCTIONES
III: INTERIECTIONES
IV: AESTIMIA
V: NUMERI
VI: AMICAE IOVIS
VII: LABORES HERCULIS
VIII: SEMIDI
IX: MONTES
X: LINGUAE

REBUS
I: POSITIO
II: ECHO
III: CICERONIS
IV: AENIGMA
V: VERE AUT FALSE

ANSWER KEY

I: Animales

Across
4. A wily little creature
6. Playful animal with hands for feet
8. A fierce feline
9. Slow with a half shell
11. A strong animal, great for farm work
13. Slither's on the ground
14. Lives in a hill and serves a queen
15. Known for their paddle feet
19. Greek for 'river horse'
21. A large predator, best to play dead
22. Upper arms
24. Prefers a bowl of milk and ball of yarn
25. There are plenty in the sea
26. Provides milk, leather and meat
28. The noblest of birds
29. Farm poultry
30. The loyal companion of the cavalry

Down
1. A beast of burden
2. A beautiful and gentle forest creature
3. Quiet wall dweller
5. Hoots through the night
7. Loves to play in the mud
10. Never forgets
12. Greek for 'nose horn'
16. Large horns and wool
17. A stinky animal that can kill a basilisk
18. A hungry canine predator
20. Lives in a hive
23. Slow with a spiral shell
27. Man's best friend

II: Urbes

Across
1. The capital of Hispania Baetica
2. The origin of Spartacus' rebellion
6. Founded by the Partheniae
7. Birthplace of Archimedes
9. The oldest city in Northern Italy
11. Situated upon the river Thames
13. One of the Capitae Etruriae
14. Caesar's appeal to the legions happened here
16. The seat of Sibyl
17. The port city of Rome

Down
1. The city which must be destroyed
3. At the foot of Vesuvius
4. Founded by some of Aeneas' folk in Sicily
5. The city of Athena
8. A Sicilian city captured in the first Punic War
10. Founded by refugees from Vienne in Gaul
12. An Iberian City of Punic origin
15. All roads lead here

III: Aedificia

Across
1. Simple hut
4. The best place to buy anything
6. Used for public assemblies
8. Where chariots run their course
11. A house, a home
12. Holds water underground
13. Leads to Rome
14. Brings water from far away
17. Where grain is stored
18. A public warehouse
19. A home of a god
20. Where one freshens up

Down
2. Commemorates a triumph
3. Protects the city
5. Where soldiers stay
7. Where one can see a performance
9. Cramped housing
10. Removes the filth
15. Guides ships at night
16. A place to buy something

IV: Exercitus

Across
2. The leader
3. A Roman military unit
5. A large bolt thrower
9. A military campaign
10. The reserves
11. The standard
13. The elite
16. The commander of a century
18. With it or on it

Down
1. A sailor
4. A soldier's right hand
6. One of the Legion
7. A throwing spear
8. What one desires
12. A ship
14. What one must prepare for
15. One of the rank and file
17. A horseman

V: Familia

Across
1. Daughter
3. An uncle's son
6. Son
7. An aunt's son
9. Great-Grandmother
10. Granddaughter
12. A mother's sister
13. Grandfather
14. Grandmother
16. Sister
17. Great-Grandfather
18. Mother

Down
2. A mother's brother
4. Grandson
5. The Head of Household
8. A father's brother
11. Brother
13. A father's sister
15. Father

VI: Colores

Across
- 4. White
- 6. Dull black
- 8. Purple
- 9. Red
- 10. Violet
- 12. Golden
- 15. Sky-Blue
- 16. Dull white

Down
- 1. Orange
- 2. Pink
- 3. Ash-Grey
- 5. Black
- 7. Silver
- 11. Green
- 13. Yellow
- 14. Brown

VII: Terra

Across
3. Forest
5. Coast
6. Plain
9. Peninsula
11. Stream
12. Sea
13. Meadow

Down
1. Island
2. Valley
4. Hill
7. Cave
8. River
10. Field
14. Mountain

VIII: Nomina

Across
1. ___ Julius Agricola
7. The last son
8. ___ Claudius Glaber
10. ___ Junius Brutus
11. ___ Tullius
12. The 7th son
14. ___ Vergilius Maro
15. The 9th son
17. Gaius ___ Caesar

Down
2. The 6th son
3. ___ Claudius Caecus
4. The 8th son
5. ___ Tullius Cicero
6. ___ Hostilius
9. The 10th son
13. The 5th son
16. ___ Flavius Domitian

IX: Insulae

Across
2. Resisted Roman culture in favor of Greek and Punic culture
5. The birthplace of Artemis
8. The 'winter' island
9. Where the Persians were defeated
10. The home of Ulysses
11. The second largest island, once held by Carthage
14. The home of Sappho

Down
1. The home of Minos
3. Named for the one who flew too high
4. Off the toe
6. The edge of the world
7. Paired with another island to form a province
12. Here stood a Colossus
13. The birthplace of Apollo

X: Stellae

Across
4. The centaur
5. The scorpion
6. The great ship
8. The scales
9. The Gorgon slayer
12. The crab
13. The sea-goat
15. The ram
18. The long river
20. The serpent
21. The great bear
22. The bull
23. The maiden in chains

Down
1. The water serpent
2. The dragon
3. The old man with the pot
4. The queen in her chair
7. The fish
10. The great laborer
11. The hunter
12. The king of Ethiopia
13. The great dog
14. The sea-monster
16. The arrow
17. The raven
19. The lion

XI: Corpus

Across
- 3. Shoulder
- 6. Head
- 7. Back
- 10. Finger
- 12. Nose
- 14. Knee
- 15. Stomach
- 17. Face
- 18. Foot

Down
- 1. Chest
- 2. Mouth
- 4. Hair
- 5. Ear
- 8. Hand
- 9. Leg
- 11. Eye
- 13. Arm
- 16. Thumb

XII: Di et Deae

Across
1. The god of wine
2. The god of desire
3. A lesser sea god
7. The household gods
9. The virgin goddess
12. The goddess of revenge
15. The messenger god
17. The goddess of desire
19. The titan father of the gods
21. The goddess of freedom
23. The god of the underworld
24. The goddess of fortune

Down
1. The goddess of fertility, healing and chastity
4. The god of agriculture
5. One's personal deity
6. The huntress
8. The goddess of grain
10. The god of forges
11. The god of war
13. The god of beginnings and doors
14. The god of the sea
16. The king of the gods
17. The goddess of the hearth
18. The queen of the gods
20. The god of plagues
21. The moon
22. The sun

XIII: Reges et Consules

Across
1. King of Pallanteum
4. From slave to king
7. Mythical king of Ethiopia
9. Defeated Alba Longa
10. The last king
12. Founded many religious institutions
14. The leader of the 300
15. Twice dictator
16. The first king
18. Defeated the Latins
19. The father of Rhea Silvia

Down
2. Alban king who had the hill he was buried upon named for him
3. The first princeps
5. Built the Circus Maximus
6. The first consul
7. The 'savior' of Rome
8. Executed his own son
11. Alban king and son of Aeneas
13. Dictator for life
17. The queen of Carthage

XIV: Fabulares Bestiae

Across
- 3. A spirit of nature
- 6. Lures sailors to their deaths
- 8. Body of a lion and a love for riddles
- 9. Half-horse, half-fish
- 12. The king of serpents
- 14. Embodiment of vengeance
- 16. One of three monstrous sisters
- 17. Half-man, Half-horse
- 19. The massive whirlpool

Down
- 1. Massive three headed dog
- 2. Massive men
- 4. Bull-headed monster
- 5. Half-horse, half-camel
- 7. The sailor eating monster of Sicily
- 10. Two headed serpent
- 11. A sea nymph
- 13. Half-man, Half-goat
- 15. Rises from its ashes
- 18. Half-lion, Half-eagle
- 20. The multi-headed water serpent

XV: Theatrum

Across
4. The style which ended happily
8. The matron
11. The slave turned playwright
14. The player
15. Where the magic happens
16. The dancers
18. The youth

Down
1. The vile one
2. The playwright known for farce
3. Meter
5. The solider
6. The parasite
7. The style known for violence and horror
9. The seats closest to the stage
10. The playwright philosopher
12. The theater
13. The maiden
17. The old man

XVI: Rustica

Across
5. A farmer
7. A field
8. A country farmhouse
9. A vineyard
10. An olive
12. A slave
14. Wheat
15. A sheep

Down
1. Rain
2. A pig
3. To harvest
4. A plough
6. A chicken
11. A wolf
12. A seed
13. An ox

XVII: Fabulae

Across
2. Saved the twins
3. The immortal twin
5. The ancient ancestors of the Romans
7. A divine lover of Numa
8. The winning triplets
9. The founder of Rome
12. The laboring demi-god
16. The losing triplets
18. Fled from Troy
19. The blind founder of Praeneste
20. Swam across the Tiber
21. The mortal of the Dioscuri

Down
1. Beloved by Apollo
4. Stood firm on a bridge
6. The Great Mother
10. Awoken by geese
11. The early neighbors of Rome
13. The wife of Collatinus
14. Saw his birds first
15. A fable
17. Ordered his nephews exposed

XVIII: Provinciae

Across
3. The kingdom of Nabataea
7. Taken from Achaean rebels
9. Annexed after King Amyntas died
11. Mesopotamian province taken by Trajan
14. The first province
16. Also known as Syria Palaestina
17. The edge of the world

Down
1. Conquered by Trajan in the Dacian Wars
2. Two islands west of Italy
4. The land of Iberia
5. Province on the coast of the Black Sea
6. Taken from Carthage at the end of the 1st Punic War
8. The land of pyramids
10. Annexed after the destruction of Carthage
12. Lost along with three legions
13. Caesar subjugated this region across the Alps
15. Once the kingdom of Pergamon

XIX: Libri

Across
3. Apicius' Cookbook
5. Cicero's guide to philosophy
9. A story of wraith
10. Around the Mediterranean in 3650 days
12. Livy's history book
13. Petronius talks about dinner

Down
1. Apuleius' novel about the dangers of trusting people not to turn you into a donkey
2. Cato's Farming Guide
4. Pliny's Natural History
5. Caesar's account of his escapades across the Alps
6. The works of Aulus Gellius
7. Cicero's political dialogue
8. Horace's poetry handbook
11. Virgil's Epic

XX: Musica

Across
3. Trumpet
4. Horn
6. Lyre
8. Musician
10. To sing
12. Water Organ
13. Drum

Down
1. Flute
2. Song
5. Melody
7. Panpipes
8. Cymbal
9. Lute
11. Scale
14. Note

XXI: Artes

Across
1. Consul
5. Speaker
8. Bandit
9. Trader
13. Slave
14. Architect
15. Farmer
16. Doctor

Down
2. Senator
3. Poet
4. Soldier
6. Rhetorician
7. Sculptor
10. Musician
11. Sailor
12. Philosopher

XXII: Vestes

Across
2. Stola
3. Wool
6. Tunic
8. Leather
9. Underwear
12. A Greek cloak

Down
1. Cloak
2. Sandal
4. Sword-Belt
5. Bra
7. Toga
8. Boot
10. Woman's upper garment
11. Silk

XXIII: Civilitas

Across
2. One of two leaders
5. Provincial Governor
8. The three men
10. ___ of the Plebs
11. One of the 'old men'
14. Financial officer
15. Games official
16. Emperor
17. A new man

Down
1. Judge
3. Priest
4. Commander or official
6. The course of honor
7. Military officer
9. Tells others what to do
12. Records official
13. Carried a bundle of sticks

XXIV: Metamorphoses

Across
3. Held captive with Lucius
4. Can't look upon her husband
6. The fiancé of Charite
10. Died twice in a day
11. The god of desire
12. A witch
13. The servant of Milo

Down
1. The wife of Milo
2. Lucius' host
5. A recipient of free lunch
7. The narrator
8. Captures Lucius
9. A poor beast of burden
14. An Egyptian goddess

XXV: Arma

Across
1. Axe
4. Hammer
5. Anvil
6. Knife
9. A nail
10. Cart
12. Chisel
13. Shears

Down
2. Stylus
3. Brush
7. Shepherd's crook
8. Plough
11. Scythe

XXVI: Animi

Across
2. Sad
4. Angry
6. Hurt
7. Excited
9. Contempt
12. Proud
13. Annoyed

Down
1. Pitied
3. Unworthy
4. Hungry
5. Happy
8. Amorous
10. Jealous
11. Tired

XXVII: Domus

Across
7. The open air room
8. Bed
9. Dining room
11. Chair
12. Altar
13. The interior pool
15. Garden

Down
1. Door
2. Window
3. Chamber-pot
4. Hearth
5. Bedroom
6. Kitchen
10. Table
14. Couch

XXVIII: Navis

Across
1. Ship
6. Waves
7. Captain
8. Sea
10. Tackle
13. Ram
14. Shore
15. Trireme

Down
2. Hull
3. Deck
4. The helmsman
5. Sailor
9. Rope
11. An oar
12. A sail
16. Mast

XXIX: Cena

Across
3. Laser
5. Beef
7. Porridge
8. Carrot or parsnip
12. Chicken
13. Fish
14. Garum

Down
1. Venison
2. Chickpea
4. Sauce
6. Edible dormouse
7. Bread
8. Pork
9. Cabbage
10. Wine
11. Pepper

XXX: Gladiatores

Across
- **5.** The owner
- **8.** Beast-fighter
- **9.** The archer
- **11.** Helmet covers the entire face
- **12.** Where the gladiators fight
- **13.** Armed with a legionary shield and gladius
- **15.** Wooden freedom

Down
- **1.** Sword
- **2.** Skirmisher
- **3.** The Gaul
- **4.** Armed with a net and trident
- **6.** Gladiator
- **7.** A female gladiator
- **10.** The Thracian
- **11.** The Samnite
- **14.** Gladiator school

XXXI: Tempora

Across
3. Dawn
6. Year
8. Evening
10. Ides
11. Midnight
12. Day
14. Month
15. Sunset

Down
1. Tomorrow
2. Calends
4. Noon
5. Nones
6. Morning
7. Today
9. Night
13. Yesterday

XXXII: Flumina

Across
4. The Seine
6. The Euphrates
10. The Rhone
12. One of the rivers of the Underworld
14. The Tigris
15. The Nile
16. The Po
17. The Struma

Down
1. The Arno
2. The Rhine
3. The Danube
5. A river near the Amazons
6. The Eridanus
7. The Tiber
8. A river
9. The Garonne
10. The Rubicon
11. A bridge
13. The principal river of the Underworld

XXXIII: Ludi

Across
3. The race course
5. The reward for winning
8. Roman tic-tac-toe
9. Boxing
10. A chariot race-track
13. Fighting lions, tigers and bears
14. Where the gladiators fight
15. A juggling game

Down
1. The game of bandits
2. Wrestling
4. One of the most popular spots in Rome
6. The games
7. Sea battles, ashore
11. The one who runs the race
12. The beast fighter

XXXIV: Grammatica

Across
1. The indirect object
3. Possession
7. The direct object
9. + acc, + abl
10. When
12. Goes with gender and number
15. The subject
16. Completed
17. -bo -bis -bit
18. Indicative or Infinitive

Down
2. Is conjugated
4. Direct address
5. Now
6. Is declined
8. The best kind of adjective
11. To be or not to be?
13. Means, manner, accompaniment
14. Singular or plural

XXXV: Loci Romae

Across
1. Where the soldiers gathered
3. Where Remus took his auspices
5. Where the Albans were resettled
7. Where Trajan built his baths
9. The red lamp district
10. Where the Rostra was located
12. The river flowing through Rome
13. Named in honor of Quirinus
14. The great horse track

Down
2. The most famous amphitheater
3. A place honoring all the gods
4. Where Romulus took his auspices
6. The great school of gladiators
8. Where the Tarpeian Rock was located
11. One of the last two hills added to Rome

XXXVI: Aeneis

Across
1. Where Aeneas was to go
4. The island of the Cyclopes
6. Carried out of Troy
9. Reminds Aeneas to continue to Italy
12. The Italian ally of the Trojans
14. The king of Latium
16. The deep abyss
17. The queen of Carthage

Down
2. The fallen city
3. The fleeing prince of Troy
5. The poet
7. A one-eyed giant
8. The son of Evander
10. The future wife of Aeneas
11. The future rival of Rome
13. The rival of Aeneas
15. The king of Pallantium

XXXVII: Gramina

Across
- **2.** Cone
- **4.** Box
- **6.** Leaf
- **9.** Elder
- **11.** Fruit
- **13.** Wheat

Down
- **1.** Root
- **2.** Pine
- **3.** Plane
- **5.** Bramble
- **7.** Grass
- **8.** Oak
- **10.** Bark
- **12.** Weed

XXXVIII: Auctores

Across
1. A philosopher and dramatist
3. A novelist and magic enthusiast
5. A general and statesman
6. A novelist and dinner enthusiast
8. A Roman biographer who wrote in Greek
11. Author, naturalist, and philosopher
13. A historian who wrote about the Catilinarian Conspiracy

Down
2. The first emperor
4. A wise senator and historian
6. A Roman fabulist
7. The most learned of the Romans'
9. A historian
10. Wrote about his evenings in Athens
12. A politician and orator

XXXIX: Carmina

Across
2. The story of after the Fall of Troy
3. Wrote many erotic and invective poems
5. Many of his plays were destroyed by a lazy monk
8. Having six feet
9. Wrote the Satires and Epistles
12. A famous female poet
13. Wrote the Annales
14. Wrote the Eunuchus and Adelphoe
15. Foot

Down
1. One long, two short
4. Two long
6. The lover of Catullus
7. Wrote the great Roman epic
10. Wrote the Metamorphoses
11. One short, one long

XL: Tempestates

Across
2. Sunshine
6. Hailstorm
8. Wind
10. Rain
13. Winter
14. Clouds

Down
1. Fall
3. Lightning
4. Humid
5. Thunder
7. Summer
9. Arid
11. Snow
12. Spring

SODOKU I: FACILE

II		IV					VII	
			II			VI		VIII
V				VII	IV			
					I		VIII	IV
	II	III	VIII					
				II			III	IX
			IX					I
	III	VI		IV				
						III	VI	V

SODOKU II: FACILE

			IX		I	III		
	II							VIII
	VI					IX	VII	V
V			VII	VIII				
		IX			V		VI	
								I
	V			I			IV	
VII				V		I		
II						VIII		VI

SODOKU III: MEDIUM

	VII							VIII
		VIII		III				IV
V		IX					II	
IX			I			V	VII	
	III	V		VIII	VII	IV		
			II			III		
					II	VI		
VI			VII	I				
		III					IV	

SODOKU IV: MEDIUM

VIII			IV			V		
	III		V	VIII				II
VI	V				VII	I		
III			VII					V
I							IX	
	VI			II	IX		VIII	
		VI						
IV			I					
II							III	

SODOKU V: DIFFICILE

VII	VIII						VII	
					II		VII	
I			IV			V	VI	
		VIII		III				IV
	I	VII			VIII			
IX			VII					
		III		VII				VIII
		V	II				I	
					V	III		

I: Pecunia

```
M U R U A D H D C B E E M F T
Q P I U V C A A M H C A R D I
Z Z B N L K I Q D S Y U F D S
P I Y H F A D P S M B V C Z U
Q E T U O C A E D G S L Z V I
N R Y I P I S C F H U K X V R
N A R G E N T U M M I O U T A
R U Q L G U D N A M R B C Z S
G R S T I V M I D E A A E N N
A E S E H T B A V N N K A L E
A U C T F H E V L E E R U Q M
E S S U I D N O P U D G H E N
B Y Q T P S O Q B A N P O K L
S E S T E R T I U S U V P M G
E H E J K A O Q B S U L O B O
```

AES
ARGENTUM
AUREUS
AURUM
DENARIUS
DRACHMA
DUPONDIUS

MENSARIUS
OBOLUS
PECUNIA
QUADRANS
SESTERTIUS
UNICA

II: Coniunctiones

```
E  C  W  G  N  I  S  N  A  M  Q  U  E  J  N
Q  U  O  N  I  A  M  S  A  E  S  M  T  T  M
M  J  L  S  M  U  V  U  R  T  E  C  A  S  U
A  Q  A  E  R  U  Q  E  N  O  D  A  X  I  Y
U  U  T  F  H  M  Z  V  M  C  U  A  U  Q  B
Q  E  M  T  A  O  Q  M  U  M  B  T  T  U  S
S  D  I  T  F  D  V  R  T  A  S  Q  B  I  A
U  I  F  W  R  O  B  P  E  U  M  U  L  D  B
I  P  E  C  U  M  C  U  M  Q  U  E  S  E  I
R  F  R  M  I  M  A  U  B  E  I  C  T  M  I
P  O  S  T  Q  U  A  M  V  T  N  L  U  G  B
S  E  E  I  Q  D  V  N  Q  N  T  G  C  L  U
M  U  D  T  G  L  S  T  U  A  E  N  I  S  I
M  I  K  V  F  T  M  X  O  H  X  C  S  V  B
M  A  U  Q  R  E  T  E  A  R  P  B  M  Z  U
```

ANTEQUAM
ATQUE
AUT
CUMCUMQUE
DONEQ
DUM
DUMMODO
NAMQUE
NISI
POSTQUAM
PRAETERQUAM
PRIUSQUAM

QUASI
QUE
QUO
QUONIAM
SED
SICUT
SIQUIDEM
TAMQUAM
UBIUBI
UTCUMQUE
VERUM

III: Interiectiones

```
H A V F L B Y F A F I I F R U
X D T R C G E P Q H A Y S E R
E O E T O E H C D X C U H O U
B R T N A T Z M A U T S G R C
E Z Y P L T Z R U S G H B T C
N R A X O U A A B H T B H E U
I P U T S A G E L C R O E L C
R G H A T E C R X O U A R H M
I Q B B A C T D Z Z K S C R H
U T Y I E D Z B S Z M R U R U
Q I E S D B H O I E B G L M I
E M R I E X F T N G I E E H R
N X O R P I T R I U M P H E Z
C N R D O S S I U E M S N B T
T U R R L H E I N T F X I R M
```

AH
ATTATAE
CUCCURU
ECASTOR
ECCE
EDEPOL
EQUIRINE

EUGE
HERCULE
HEU
PAPAE
PROX
TRIUMPHE
VAH

IV: Aestimia

```
O X T M C Z L Z Y C Q G F S O
V P A R O H V U R P P O X B V
T R R H F O A S A Q X N Q Z M
C U B I T U M N T Q Z N E Q U
K A I G Y S E X T A N S I H R
R U L B Q I X E S E D N A P E
H U D C F O N N M E V I T A G
F S P V N G A S V I C Y U L U
E V A H I R S G D N L P A M I
X I S X D I E R U P G X D U I
I A S A B T R E R G A U S S Z
A S U N L K R P N O F T E Q E
R Q S V N P L X A R O H P M A
S U T I G I D F L G R E S S P
X H V I D C O N G I U S L F A
```

AMPHORA PASSUS
CONGIUS PES
CUBITUM QUADRANS
DIGITUS SEXTANS
HORA STADIUM
IUGERUM UNCIA
LIBRA URNA
PALMUS

V: Numeri

```
I  T  Q  U  I  N  Q  U  A  G  I  N  T  A  M
U  N  U  S  A  S  G  I  A  V  O  U  D  B  Q
F  R  O  M  A  E  A  I  T  N  I  G  I  V  T
T  T  C  N  O  X  E  M  N  V  Q  I  T  I  I
R  D  T  N  A  A  E  R  I  Z  H  N  N  U  A
D  U  O  E  V  G  V  I  G  Q  U  R  F  T  T
S  O  P  M  G  I  I  G  I  U  O  A  T  T  N
N  C  S  M  S  N  D  N  R  U  H  I  O  A  I
M  E  V  E  C  T  A  Z  T  V  G  X  V  N  G
E  N  R  Y  X  A  O  T  N  A  P  M  E  B  A
C  T  A  E  U  R  A  H  U  T  T  R  M  G  R
E  U  Q  N  I  U  Q  T  Y  D  E  S  V  N  D
D  M  S  R  Q  P  P  M  E  T  P  E  S  O  A
Y  D  E  S  V  E  N  V  H  P  S  M  O  P  U
F  B  R  V  S  O  C  T  O  G  I  N  T  A  Q
```

CENTUM
DECEM
DUO
NONAGINTA
NOVEM
OCTO
OCTOGINTA
QUADRAGINTA
QUATTUOR
QUINQUAGINTA

QUINQUE
SEPTEM
SEPTUAGINTA
SEX
SEXAGINTA
TRES
TRIGINTA
UNUS
VIGINTI

VI: AMICAE IOVIS

```
O T S I L L A C E E A H J P A
C N O D A N T I O P E I L M U
L B R R A B F I U T G S I G P
E Y E A H R R Y P R I E O E A
D H H R A X O I T M N D B S N
A A V C S P Q F S E A P N E D
I E D V A I X D M E T I S A O
E E V A K L A C P D M E P R R
X U V N L E L D L E R A O T A
E E R H H A O I Z M I Z D C D
D N I O B E Z H S E P D V E K
M M E I P A L S U T O O R L I
R A E D N A M M T E O G F E N
D A N I Q D C Z A R K L E T O
E A N A D E R I S S M S I H G
```

AEGINA	EUROPA
ALCMENE	HERA
ANTIOPE	LEDA
CALLISTO	LETO
DANAE	METIS
DEMETER	NIOBE
DIA	PANDORA
ELECTRA	PYRRHA

VII: Labores Herculis

```
S A U G E A S N H B Z S C A T
V U X E Y H E R A A K I V T R
U L L R A G R A I V D R R L E
H R E Y E P A T P L E E M A S
I R N O G E Y D Y C O S A S E
P V C N T A U R U S Y A D Y L
P O A E V U X H F R R O U O U
O N B S R R A D N D C U I L C
L N V G E B R O Y N S E V X R
Y T A P S U E H T S Y R U E E
T E A T T P Y R L O P P I S H
A Q S Q E S A L U A P F O M V
G U X R E O F L N S N Y R I T
F A P E R D I V I S A G U D C
T E D I C O M A L I K E N N Y
```

APER
ATLAS
AUGEAS
AVES
CERBERUS
CERVA
EQUAE
EURYSTHEUS
GERYON

HERA
HERCULES
HIPPOLYTA
HYDRA
LEO
MALI
TAURUS
TIRYNS

VIII: SEMIDI

```
A  L  N  A  E  N  E  A  S  Z  T  M  A  A  G
H  I  I  S  E  B  S  R  E  M  S  K  I  B  X
R  O  S  G  R  S  E  L  L  I  H  C  A  D  O
Q  C  M  P  E  M  C  C  S  C  J  P  S  K  R
S  L  Q  H  E  R  C  U  L  E  S  U  U  I  P
A  S  I  R  N  O  M  R  L  A  N  E  L  E  H
H  U  N  V  R  E  B  R  L  A  M  L  P  L  E
T  E  S  C  L  O  N  E  D  U  P  A  Q  F  U
H  S  A  I  N  O  M  R  A  H  Y  I  I  S  S
E  R  I  O  I  S  A  U  D  X  U  E  U  B  M
S  E  T  R  C  D  L  V  L  K  R  N  U  S  E
E  P  O  L  L  U  X  O  B  U  R  E  N  U  S
U  P  P  H  P  A  T  I  P  U  S  A  E  M  A
S  M  X  Y  R  V  A  X  T  L  S  A  T  E  F
C  U  S  U  H  C  C  A  B  R  R  M  P  R  B
```

ACHILLES	ORION
AENEAS	ORPHEUS
AESCULAPIUS	PERSEUS
BACCHUS	POLLUX
DARDANUS	REMUS
HARMONIA	ROMULUS
HELEN	THESEUS
HERCULES	TURNUS

IX: Montes

```
S V I D A P E P H B S G S Y H
S A L E Z L U A L G I D U S E
U A O R R N P C E Z H N R P R
R L L N A D E I C Y Y P B Y Y
U C Y B E L E V S C K E V S M
A E M C T Q I Q M L G P A U A
G P P O R O A K L U C I U N N
X Y U K A H E L I C O N B I T
S U S T Z T P L E A D D F N H
S D N I P T L O Z U N U U N U
C Y L L E N E A E C O S E E S
Y O Q S A H N O N A L Y M P U
I T H H Q T E O E S K F D A X
H Z B U E D Z V I U I F O Z E
W H Y A P A R N A S U S T H Y
```

AETNA
ALGIDUS
ALPES
APENNINUS
ATLANS
CAUCASUS
CYBELE
CYLLENE

ERYMANTHUS
GAURUS
HELICON
IDA
OLYMPUS
PARNASUS
PINDUS

X: Linguae

```
V H G A L L I C E B E I N C E
L B U A C C F R E A L I C B B
U X E C S L O V V L A L R I G
P D U I B T M L N C T B R T H
V U Q A A E I P A L I I C Y N
E C N R G B X G V T N A C S I
C E L I N G R A E C E A I E E
S A S U C U O I V T N N M E M
U N E I A E V B E E N K B T A
T E C I T E G R G E E N R H U
E C S L O V A E C N I B I E R
C E L T I B E R I C E M C N I
K T I T R D G B L S K M E I C
I Y Q A M V A A X P E U K Y E
G R B Z H S A R M A T I C E T
```

BARBARE	LATINE
CELTIBERICE	MAURICE
CELTICE	PUNICE
CIMBRICE	SABINE
GALLICE	SARMATICE
GETICE	TUSCE
GRAECE	VOLSCE

I: Positio

O	QUID	TUA	TE
BE	BIS	BIA	ABIT

II: Echo

RA		RAM	
RA	ES ET IN	RAM	II
RA		RAM	

III: Ciceronis

MITTO TIBI NAVEM PRORA
PUPPIQUE CARENTEM

IV: Aenigma

EGO SUM PRINCIPIUM MUNDI ET FINIS SAECLORUM ATTAMEN NON SUM DEUS

V: Vere aut False

CUM MENTIOR ET MENTIRI ME DICO, MENTIOR AN VERUM DICO

ANSWER KEY

TRANSVERBA

I: ANIMALES

ACROSS: 4 VULPES 6 SIMUS 8 LEO 9 TESTUDO 11 TAURUS 13 SERPENS 14 FORMICA 15 ANAS 19 HIPPOPOTAMUS 21 URSUS 22 LACERTUS 24 FELES 25 PISCIS 26 VACCA 28 AQUILA 29 GALLINA 30 EQUUS
DOWN: 1 MULUS 2 CERVUS 3 MUS 5 BUBO 7 PORCUS 10 ELEPHANS 12 RHINOCEROS 16 ARIES 17 MUSTELA 18 LUPUS 20 VESPA 23 COCHLEA 27 CANIS

II: URBES

ACROSS: 1 CORDUBA 2 CAPUA 6 TARENTUM 7 SYRACUSAE 9 PATAVIUM 11 LONDINIUM 13 ARRETIUM 14 ARIMINUM 16 CUMAE 17 OSTIA
DOWN: 1 CARTHAGO 3 POMPEII 4 SEGESTA 5 ATHENAE 8 AGRIGENTUM 10 LUGDUNUM 12 TARRACO 15 ROMA

III: AEDIFICIA

ACROSS: 1 CASA 4 FORUM 6 BASILICA 8 CIRCUS 11 DOMUS 12 CISTERNA 13 VIA 14 AQUAEDUCTUS 17 GRANARIUM 18 HORREUM 19 TEMPLUM 20 BALNEUM
DOWN: 2 ARCUS 3 MOENIA 5 CASTRA 7 AMPHITHEATRUM 9 INSULA 10 CLOACA 15 PHAROS 16 TABERNA

IV: EXERCITUS

ACROSS: 2 DUX 3 LEGIO 5 BALLISTA 9 MILITIA 10 AUXILIUM 11 SIGNUM 13 PRAETORIANUS 16 CENTURIO 18 SCUTUM
DOWN: 1 NAUTA 4 GLADIUS 6 LEGIONARIUS 7 PILUM 8 PAX 12 NAVIS 14 BELLUM 15 MILES 17 EQUES

V: FAMILIA

ACROSS: 1 FILIA 3 PATRUELIS 6 FILIUS 7 CONSOBRINUS 9 ABAVIA 10 NEPA 12 MATERTERA 13 AVUS 14 AVIA 16 SOROR 17 ABAVUS 18 MATER
DOWN: 2 AVUNCULUS 4 NEPOS 5 PATERFAMILIAS 8 PATRUUS 11 FRATER 13 AMITA 15 PATER

VI: COLORES
ACROSS: 4 CANDIDUS 6 ATER 8 PURPUREUS 9 RUFUS
10 VIOLACEUS 12 AURATILIS 15 CAERULEUS 16 ALBUS
DOWN: 1 FLAMMEUS 2 ROSEUS 3 CINEREUS 5 NIGER
7 ARGENTEUS 11 VIRIDIS 13 FLAVUS 14 FULVUS

VII: TERRA
ACROSS: 3 SILVA 5 LITUS 6 CAMPUS 9 PAENINSULA
11 RIVULUS 12 MARE 13 PRATUM
DOWN: 1 INSULA 2 VALLES 4 COLLIS 7 SPELUNCA 8 FLUMEN
10 AGER 14 MONS

VIII: NOMINA
ACROSS: 1 GNAEUS 7 POSTUMUS 8 GAIUS 10 LUCIUS
11 SERVIUS 12 SEPTIMUS 14 PUBLIUS 15 NONUS 17 IULIUS
DOWN: 2 SEXTUS 3 APPIUS 4 OCTAVIUS 5 MARCUS 6 TULLUS
9 DECIMUS 13 QUINTUS 16 TITUS

IX: INSULAE
ACROSS: 2 MELITA 5 ORTYGIA 8 HIBERNIA 9 SALAMIS
10 ITHACA 11 SARDINIA 14 LESBOS
DOWN: 1 CRETA 3 ICARIA 4 SICILIA 6 BRITANNIA 7 CORSICA
12 RHODOS 13 DELOS

X: STELLAE
ACROSS: 4 CENTAURUS 5 SCORPIO 6 ARGO NAVIS 8 LIBRA
9 PERSEUS 12 CANCER 13 CAPRICORNUS 15 ARIES
18 ERIDANUS 20 SERPENS 21 URSA MAIOR 22 TAURUS
23 ANDROMEDA
DOWN: 1 HYDRA 2 DRACO 3 AQUARIUS 4 CASSIOPEIA
7 PISCES 10 HERCULES 11 ORION 12 CEPHEUS 13 CANIS
MAIOR 14 CETUS 16 SAGITTA 17 CORVUS 19 LEO

XI: CORPUS
ACROSS: 3 UMERUS 6 CAPUT 7 TERGUM 10 DIGITUS
12 NARES 14 GENU 15 STOMACHUS 17 VULTUS 18 PES
DOWN: 1 PECTUS 2 OS 4 CAPILLUS 5 AURIS 8 MANUS 9 CRUS
11 OCULUS 13 BRACHIUM 16 POLLEX

XII: DI ET DEAE
ACROSS: **1** BACCHUS **2** CUPIDO **3** OCEANUS **7** LARES
9 MINERVA **12** NEMESIS **15** MERCURIUS **17** VENUS
19 URANUS **21** LIBERTAS **23** PLUTO **24** FORTUNA
DOWN: **1** BONADEA **4** SATURNUS **5** GENIUS **6** DIANA **8** CERES
10 VOLCANUS **11** MARS **13** IANUS **14** NEPTUNUS **16** IUPPITER
17 VESTA **18** IUNO **20** APOLLO **21** LUNA **22** SOL

XIII: REGES ET CONSULES
ACROSS: **1** EVANDER **4** SERVIUS TULLIUS **7** CEPHEUS
9 TULLUS HOSTILIUS **10** TARQUINIUS SUPERBUS **12** NUMA
POMPILIUS **14** LEONIDAS **15** CINCINNATUS **16** ROMULUS
18 ANCUS MARCIUS **19** NUMITOR
DOWN: **2** AVENTINUS **3** AUGUSTUS **5** TARQUINIUS PRISCUS
6 COLLATINUS **7** CICERO **8** MANLIUS **11** ASCANIUS **13** CAESAR
17 DIDO

XIV: FABULARES BESTIAE
ACROSS: **3** NYMPHA **6** SIREN **8** SPHINX **9** HIPPOCAMPUS
12 BASILISCUS **14** HARPYIA **16** GORGO **17** CENTAURUS
19 CHARYBDIS
DOWN: **1** CERBERUS **2** GIGAS **4** MINOTAURUS
5 HIPPOCAMELUS **7** SCYLLA **10** AMPHISBAENA **11** NEREIS
13 SATYRUS **15** PHOENIX **18** GRYPS **20** HYDRA

XV: THEATRUM
ACROSS: **4** COMOEDIA **8** MATRONA **11** TERENTIUS **14** ACTOR
15 PROSCAENIUM **16** CHORUS **18** ADULESCENS
DOWN: **1** LENO **2** PLAUTUS **3** METRON **5** MILES GLORIOSUS
6 PARASITUS **7** TRAGOEDIA **9** ORCHESTRA **10** SENECA
12 THEATRUM **13** VIRGO **17** SENEX

XVI: RUSTICA
ACROSS: **5** AGRICOLA **7** AGER **8** VILLA **9** VINETUM **10** OLIVA
12 SERVUS **14** CERES **15** OVIS
DOWN: **1** IMBER **2** PORCUS **3** COLLIGERE **4** ARATRUM
6 GALLINA **11** LUPUS **12** SEMEN **13** BOS

XVII: FABULAE
ACROSS: 2 LUPA 3 POLLUX 5 TROIANI 7 FORTUNA 8 HORATII
9 ROMULUS 12 HERCULES 16 CURIATII 18 AENEAS
19 CAECULUS 20 CLOELIA 21 CASTOR
DOWN: 1 DAPHNE 4 HORATIUS 6 CYBELE 10 MANLIUS
11 SABINI 13 LUCRETIA 14 REMUS 15 FABULA 17 AMULIUS

XVIII: PROVINCIAE
ACROSS: 3 ARABIA 7 MACEDONIA 9 GALATIA 11 ASSYRIA
14 ITALIA 16 JUDAEA 17 BRITANNIA
DOWN: 1 DACIA 2 CORSICA ET SARDINIA 4 HISPANIA
5 THRACIA 6 SICILIA 8 AEGYPTUS 10 AFRICA 12 GERMANIA
13 GALLIA 15 ASIA

XIX: LIBRI
ACROSS: 3 DE RE COQUINARIA 5 DE NATURA DEORUM
9 ILIAS 10 ODYSSEA 12 AB URBE CONDITA 13 SATYRICON
DOWN: 1 METAMORPHOSES 2 DE AGRICULTURA
4 NATURALIS HISTORIA 5 DE BELLO GALLICO 6 NOCTES
ATTICAE 7 DE RE PUBLICA 8 ARS POETICA 11 AENEIS

XX: MUSICA
ACROSS: 3 TUBA 4 CORNU 6 CITHARA 8 CANTATOR
10 CANERE 12 HYRDRAULUS 13 TYMPANUM
DOWN: 1 TIBIA 2 CARMEN 5 HARMONIA 7 CALAMUS
8 CYMBALUM 9 PANDURA 11 CHROMA 14 MODUS

XXI: ARTES
ACROSS: 1 CONSUL 5 ORATOR 8 LATRO 9 MERCATOR
13 SERVUS 14 AEDIFICATOR 15 AGRICOLA 16 MEDICUS
DOWN: 2 SENATOR 3 POETA 4 MILES 6 RHETOR 7 ARTIFEX
10 CANTATOR 11 NAUTA 12 PHILOSOPHUS

XXII: VESTES
ACROSS: 2 STOLA 3 LANICIUM 6 TUNICA 8 CUTIS
9 SUBLIGACULA 12 PALLIUM
DOWN: 1 SAGUM 2 SOLEA 4 CINCTORIUM 5 STROPHIUM
7 TOGA 8 CALIGULA 10 PALLA 11 BOMBYX

XXIII: CIVILITAS
ACROSS: 2 CONSUL 5 PRAEFECTUS 8 TRIUMVIRI
10 TRIBUNUS 11 SENATOR 14 QUAESTOR 15 AEDILIS
16 IMPERATOR 17 NOVUS HOMO
DOWN: 1 IUDEX 3 PONTIFEX 4 PRAETOR 6 CURSUS
HONORUM 7 LEGATUS 9 DICTATOR 12 CENSOR 13 LICTOR

XXIV: METAMORPHOSES
ACROSS: 3 CHARITE 4 PSYCHE 6 TLEPOLEMUS
10 SOCRATES 11 CUPIDO 12 MEROE 13 PHOTIS
DOWN: 1 PAMPHILE 2 MILO 5 ARISTOMENES 7 LUCIUS
8 LATRONES 9 ASINUS 14 ISIS

XXV: ARMA
ACROSS: 1 ASCIA 4 MALLEUS 5 INCUS 6 CULTER 9 CLAVUS
10 PLAUSTRUM 12 CAELUM 13 FORFEX
DOWN: 2 STILUS 3 PENICILLUM 7 PEDUM 8 ARATRUM 11 FALX

XXVI: ANIMI
ACROSS: 2 TRISTIS 4 IRATUS 6 AEGER 7 INCITUS
9 CONTEMNIFICUS 12 SUPERBUS 13 COMMOTUS
DOWN: 1 MISER 3 INFERIOR 4 IEIUNUS 5 LAETUS
8 AMORABUNDUS 10 INVIDENS 11 LASSUS

XXVII: DOMUS
ACROSS: 7 ATRIUM 8 CUBITUS 9 TRICLINIUM 11 SELLA
12 ARA 13 IMPLUVIUM 15 HORTUS
DOWN: 1 IANUA 2 FENESTRA 3 LASANUM 4 FOCUS
5 CUBICULUM 6 COQUINATORIUM 10 MENSA 14 LECTUS

XXVIII: NAVIS
ACROSS: 1 NAVIS 6 UNDAE 7 NAUCLERUS 8 MARE
10 ARMAMENTA 13 ROSTRUM 14 LITUS 15 TRIREMIS
DOWN: 2 ALVEUS 3 STEGA 4 GUBERNATOR 5 NAUTA
9 RUDENS 11 REMUS 12 VELUM 16 MALUS

XXIX: CENA
ACROSS: 3 SILPHIUM 5 BUBULA 7 PULS 8 PASTINACA
12 PULLUS 13 PISCIS 14 GARUM
DOWN: 1 DAMMA 2 CICER 4 LIQUAMEN 6 GLIS 7 PANIS
8 PORCINA 9 CAULIS 10 VINUM 11 PIPER

XXX: GLADIATORES
ACROSS: 5 LANISTA 8 BESTIARIUS 9 SAGITTARIUS
11 SECUTOR 12 HARENA 13 MURMILLO 15 RUDIS
DOWN: 1 GLADIUS 2 VELITES 3 GALLUS 4 RETIARIUS
6 GLADIATOR 7 GLADIATRIX 10 THRAX 11 SAMNIS 14 LUDUS

XXXI: TEMPORA
ACROSS: 3 AURORA 6 ANNUS 8 POSTMERIDIEM 10 EIDUS
11 MEDIANOX 12 DIES 14 MENSIS 15 CREPUSCULUM
DOWN: 1 CRAS 2 KALENDAE 4 MERIDIES 5 NONAE
6 ANTEMERIDIEM 7 HODIE 9 NOX 13 HERI

XXXII: FLUMINA
ACROSS: 4 SEQUANA 6 EUPHRATES 10 RHODANUS
12 ACHERON 14 TIGRIS 15 NILUS 16 PADUS 17 STRYMON
DOWN: 1 ARNUS 2 RHENUS 3 DANUVIUS 5 THERMODON
6 ERIDANUS 7 TIBERIS 8 FLUMEN 9 GARUMNA 10 RUBICON
11 PONS 13 STYX

XXXIII: LUDI
ACROSS: 3 CURRICULUM 5 CORONA 8 ROTA 9 PUGILATUS
10 HIPPODROMUS 13 BESTIARII 14 HARENA 15 TRIGON
DOWN: 1 LATRUNCULI 2 LUCTATIO 4 CIRCUS 6 LUDI
7 NAUMACHIA 11 CURSOR 12 VENATOR

XXXIV: GRAMMATICA
ACROSS: 1 DATIVUS 3 GENETIVUS 7 ACCUSATIVUS
9 PRAEPOSITIO 10 TEMPUS 12 CASUS 15 NOMINATIVUS
16 PERFECTUS 17 FUTURUS 18 STATUS
DOWN: 2 VERBUM 4 VOCATIVUS 5 PRAESENS 6 NOMINATUS
8 SUPERLATIVUM 11 INFINITUS 13 ABLATIVUS 14 NUMERUS

XXXV: LOCI ROMAE
ACROSS: 1 CAMPUSMARTIUS 3 PALATIUM 5 CAELIUS
7 ESQUILIAE 9 SUBURA 10 FORUMROMANUM 12 TIBERIS
13 QUIRINALIS 14 CIRCUSMAXIMUS
DOWN: 2 AMPHITHEATRUMFLAVIUM 3 PANTHEUM
4 AVENTINUS 6 LUDUSMAGNUS 8 CAPITOLIUM 11 VIMINALIS

XXXVI: AENEIS
ACROSS: **1** ITALIA **4** SICILIA **6** ANCHISES **9** MERCURIUS
12 PALLANTIUM **14** LATIUS **16** TARTARUS **17** DIDO
DOWN: **2** TROIA **3** AENEAS **5** VERGILIUS **7** CYCLOPS **8** PALLAS
10 LAVINIA **11** CARTHAGO **13** TURNUS **15** EVANDER

XXXVII: GRAMINA
ACROSS: **2** PINEA **4** BUXUS **6** FOLIUM **9** SAMBUCUS
11 FRUCTUS **13** CERES
DOWN: **1** RADIX **2** PEUCE **3** PLATANUS **5** SENTIS **7** GRAMEN
8 QUERCUS **10** CORTEX **12** HERBA

XXXVIII: AUCTORES
ACROSS: **1** SENECA **3** APULEIUS **5** CAESAR **6** PETRONIUS
8 PLUTARCHUS **11** PLINIUS **13** SALLUSTIUS
DOWN: **2** AUGUSTUS **4** CATOSAPIENS **6** PHAEDRUS **7** VARRO
9 LIVIUS **10** GELLIUS **12** CICERO

XXXIX: CARMINA
ACROSS: **2** AENEIS **3** CATULLUS **5** PLAUTUS **8** HEXAMETER
9 HORATIUS **12** SULPICIA **13** ENNIUS **14** TERENTIUS **15** PES
DOWN: **1** DACTYLUS **4** SPONDEUS **6** LESBIA **7** VERGILIUS
10 OVIDIUS **11** IAMBUS

XL: TEMPESTATES
ACROSS: **2** APRICUM **6** GRANDINES **8** VENTUS **10** IMBER
13 HIEMS **14** NUBES
DOWN: **1** AUTUMNUS **3** FULGURATIO **4** UMIDUS **5** BRONTE
7 AESTAS **9** SICCUS **11** NIX **12** VER

SODOKUA

I: FACILE

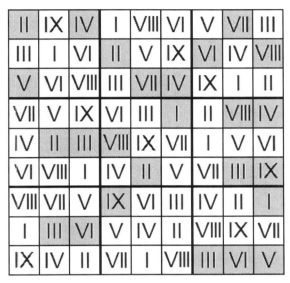

II: FACILE

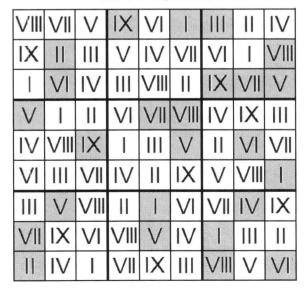

III: MEDIUM

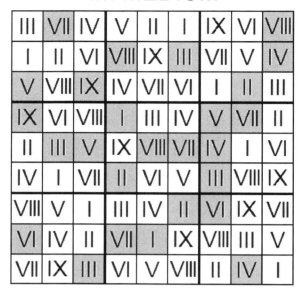

IV: MEDIUM

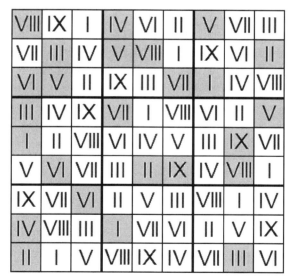

V: DIFFICILE

VII	VIII	VI	III	V	IX	II	IV	I
III	V	IV	VI	I	II	VIII	VII	IX
I	II	IX	IV	VIII	VII	V	VI	III
V	VI	VIII	IX	III	I	VII	II	IV
IV	I	VII	V	II	VIII	IX	III	VI
IX	III	II	VII	VI	IV	I	VIII	V
II	IX	III	I	VII	VI	IV	V	VIII
VIII	IV	V	II	IX	III	VI	I	VII
VI	VII	I	VIII	IV	V	III	IX	II

VERBUM-INQUISITIO
I: Pecunia

II: Coniunctiones

```
E  C  W  G  N  I  S  N  A  M  Q  U  E  J  N
Q  U  O  N  I  A  M  S  A  E  S  M  T  T  M
M  J  L  S  M  U  V  U  R  T  E  C  A  S  U
A  Q  A  E  R  H  U  E  N  O  D  C  A  I  Y
U  U  T  F  H  A  Q  N  O  C  U  A  U  Q  B
Q  E  M  T  A  M  Q  M  U  M  B  T  T  U  S
S  D  I  T  F  O  V  U  T  A  M  Q  B  I  A
U  I  F  W  R  D  B  P  E  U  U  U  L  D  B
I  P  E  C  U  O  M  C  U  M  Q  E  S  E  I
R  F  R  M  I  M  A  U  M  Q  U  C  T  M  I
P  O  S  T  Q  M  A  M  V  E  I  T  U  G  B
S  E  U  I  Q  D  V  N  T  U  L  I  C  L  U
M  U  D  I  G  T  S  T  Q  N  G  S  I  S  I
M  I  K  V  F  E  M  X  U  A  E  S  S  V  B
M  A  U  Q  R  E  T  E  A  R  P  B  M  Z  U
```

III: Interiectiones

```
H  A  V  F  L  B  Y  F  A  F  I  I  F  R  U
X  D  T  R  C  G  E  P  Q  H  A  Y  S  E  R
E  O  T  T  O  E  H  C  D  X  C  U  H  O  U
B  R  E  N  A  T  Z  M  A  U  T  S  G  R  C
E  Z  T  P  L  T  Z  R  U  S  H  B  B  T  C
N  R  A  X  O  U  A  A  B  T  B  R  H  E  U
I  P  U  T  S  A  G  E  L  R  O  B  E  L  C
R  Q  H  A  T  C  R  X  C  U  A  R  H  H  M
I  I  B  B  A  T  D  Z  Z  A  K  C  L  R  H
U  T  Y  I  T  C  Z  B  S  M  S  U  U  H  U
Q  E  E  E  B  D  X  H  O  B  G  L  L  R  I
E  M  R  D  L  Z  H  O  T  E  I  E  E  B  R
C  N  R  P  X  I  T  R  N  U  G  P  H  B  Z
T  U  O  O  S  S  I  U  F  M  E  H  N  T  T
   R  R  L  H  E  I  N  T  F  X  I  R  M
```

IV: Aestimia

O	X	T	M	C	Z	L	Z	Y	C	Q	G	F	S	O
V	P	A	R	O	H	V	U	R	P	P	O	X	B	V
T	R	R	H	F	O	A	S	A	Q	X	N	Q	Z	M
C	U	B	I	T	U	M	N	T	Q	Z	N	E	Q	U
K	A	I	G	Y	S	E	X	T	A	N	S	I	H	R
R	U	L	B	Q	I	X	E	S	E	D	N	A	P	E
H	U	D	C	F	O	N	N	M	E	V	I	T	A	G
F	S	P	V	N	G	A	S	V	I	C	Y	U	L	U
E	V	A	H	I	R	S	G	D	N	L	P	A	M	I
X	I	S	X	D	I	E	R	U	P	G	X	D	U	I
I	A	S	A	B	T	R	E	R	G	A	U	S	S	Z
A	S	U	N	L	K	R	P	N	O	F	T	E	Q	E
R	Q	S	V	N	P	L	X	A	R	O	H	P	M	A
S	U	T	I	G	I	D	F	L	G	R	E	S	S	P
X	H	V	I	D	C	O	N	G	I	U	S	L	F	A

V: Numeri

I	T	Q	U	I	N	Q	U	A	G	I	N	T	A	M
U	N	U	S	A	S	G	I	A	V	O	U	D	B	Q
F	R	O	M	A	E	A	I	T	N	I	G	I	V	T
T	T	C	N	O	X	E	M	N	V	Q	I	T	I	I
R	D	T	N	A	A	E	R	I	Z	H	N	N	U	A
D	U	O	E	V	G	V	I	G	Q	U	R	F	T	T
S	O	P	M	G	I	I	G	I	U	O	A	N	T	N
N	C	S	M	S	N	D	N	R	U	H	I	O	A	I
M	E	V	E	C	T	A	Z	T	V	G	X	V	N	G
E	N	R	Y	X	A	O	T	N	A	P	M	E	B	A
C	T	A	E	U	R	A	H	U	T	T	R	M	G	R
E	U	Q	N	I	U	Q	T	Y	D	E	S	V	N	D
D	M	S	R	Q	P	P	M	E	T	P	E	S	O	A
Y	D	E	S	V	E	N	V	H	P	S	M	O	P	U
F	B	R	V	S	O	C	T	O	G	I	N	T	A	Q

VI: Amicae Iovis

```
O T S I L L A C E E A H J P A
C N O D A N T I O P A I L M U
L B R R A B F I U T E S I G P
D Y E A H R R Y P R I E O E A
A H H R A X O I T S N P B S N
I A V C S P Q F S E A I N E D
I E D V A I X D M E T S I A O
E E V A A K A C P D M E R O R
X U N L L E L D E E R A C E A
D U R H A O I Z E M I Z D C D
M E I O B E Z H S T P D V E K
M M E P A L S U T E O O R L I
R A E D N A M M T R K G F E T
D N N I Q D C Z A O L F T O G
E A N A D E R I S S M S I H
```

VII: Labores Herculis

```
S A U G E A S N H B Z S C A T
V U X E Y H E R A K I V R V T
U L L R A G R A I V D R R A L S
H R E Y A E P A T P L E S A S E
I P R Y A E G E Y D Y C O S Y L U
P P R O N T A U R U S A R O U X C
O O A E V U X H F R C O R U I X R
L N B S G R A R O N C U I V V C E
Y N V G R E B U R O Y N S E U V X R
T A T A P B U E H T Y S Y R U E H
A Q S T Q E S P Y T L O P P I S M T
G U X S R E O S A L U A F O M V C
F E A P E R D I V I S A G U D N Y
T E D I C O M A L I K E N N
```

VIII: Semidi

```
A L N A E N E A S Z T M A A G
H I I S E B S R E M S K I B X
R O S G E S E L L I H C A D O
Q C M P E M C C S C J P U S R
S L Q H R C U L E S N U E I P
A S I R N O M R L A N E L E H
U U N V R E B R L A M L P L E
T E S C L N E D A U P A Q F U
H S A I O M R A H Y I I S B S
E R I O I S A U D X U E U U M
S E T R C D L V L K R N U S E
E P O L L U X O B U R E S U M
U P P H P A T I P U S A E M E
S M X Y R V A X T L S A T E A
C U S U H C C A B R R M P R B
```

IX: Montes

```
S V I D A P E P H B S G S Y H
S A L E Z L U A G I D U S E R
U R U L O R R P C E Z H N R P Y
R A A Y N A N D E I C Y Y P B M
U C Y B E L E V S C K E P V S A
A E P M C T Q I Q M L G P A U N
G P U O R A A K L U C O N N I T
X Y S K A H E L I C O I N D U S
S U N I Z T P L E Z D N O N E H
C Y L L E N A E E S U P A U
Y O Q S A H T N O E S O L Y F F S X
I T H H Q T E D Z V I K I F O Z E
H Z B U E U A U
W H Y A P A R N A S U S T H Y
```

X: Linguae

Rebus

I: Positio

O **SUPER**BE, QUID **SUPER**BIS? TUA **SUPER**BIA TE **SUPER**ABIT

O haughty one, what will *you* conquer?
Your arrogance will conquer *you*!

II: Echo

TERRA ES, ET IN **TER**RAM I**BIS**
TER **RA** TER **RAM** ET BIS **I**

You are from the earth, and you will go into the earth.

III: Ciceronis

N**AVE**M

'Hello'

IV: Aenigma

EGO SUM PRINCIPIUM **M**UNDI ET FINIS SAECLORU**M** ATTAMEN NON SUM DEUS

M

I am the beginning of everything, and the end of time, yet I am not a god.

E

V: Vere aut False
When I lie, and say that I am lying, am I lying or speaking true?

Impossible to answer correctly

DE AUCTORE

Colin est magister linguae Latinae in Phoenice Arizona. Inhabit cum uxore, filia et tribus canibus, Nox, Tiber et Kora nominibus. Linguas Latinam Graecamque didicit in Universitate Iowensis. Liber primus eius est, sed multos cogitat scribere.